Bärbel Wilde

Unser kleiner
Sonnenschein

Ein Album zur Geburt

Herzlichen Glückwunsch

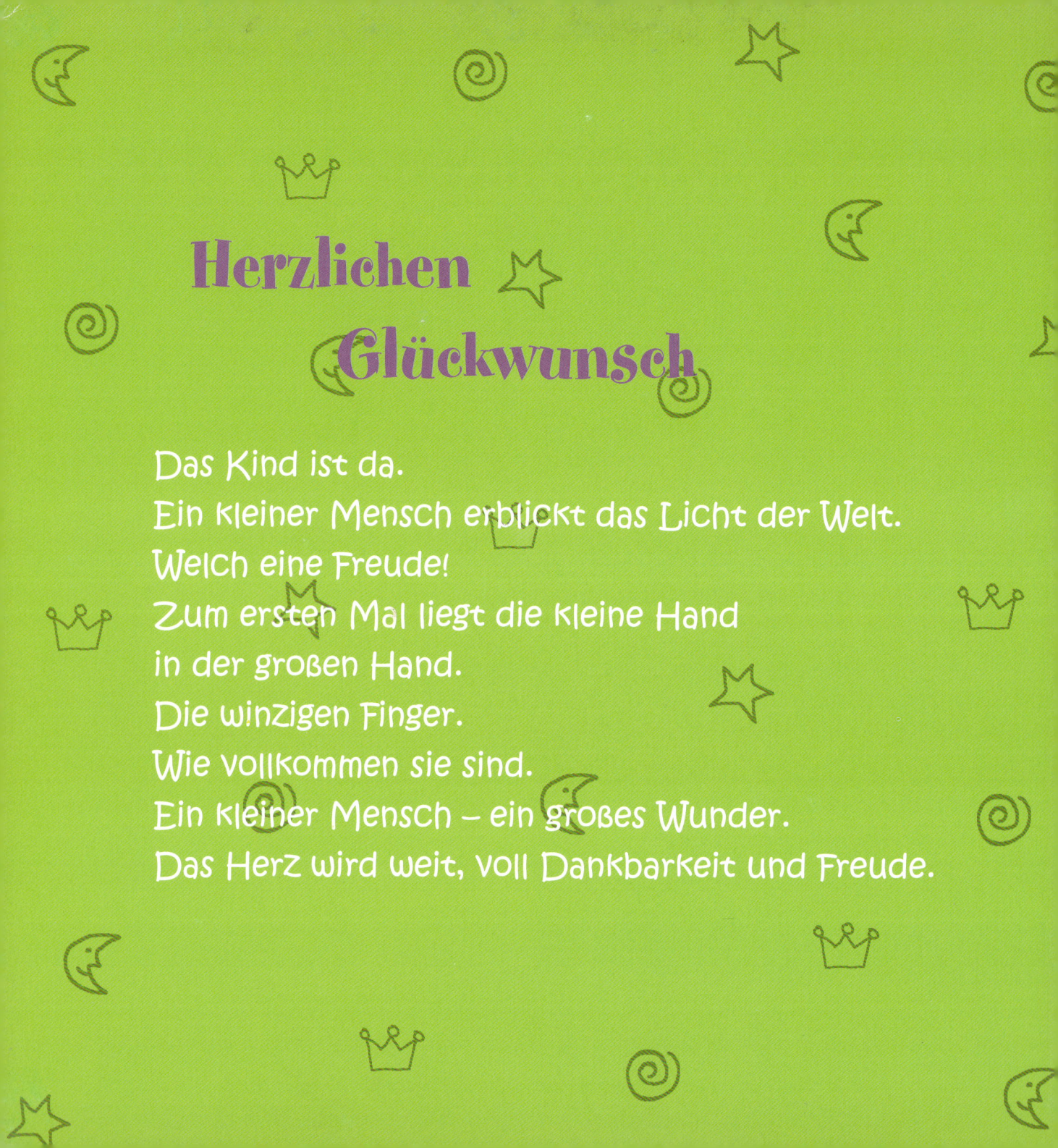

Das Kind ist da.
Ein kleiner Mensch erblickt das Licht der Welt.
Welch eine Freude!
Zum ersten Mal liegt die kleine Hand
in der großen Hand.
Die winzigen Finger.
Wie vollkommen sie sind.
Ein kleiner Mensch – ein großes Wunder.
Das Herz wird weit, voll Dankbarkeit und Freude.

In mir ist eine tiefe Freude.
Ich sehe das Kind.
Wie klein es ist.
Es schläft – als wäre alles in dieser Welt
in bester Ordnung.
Es scheint zu lächeln. –
Ein kleiner Sonnenschein.
Gott schütze Dich.
Gott gebe Dir ein fröhliches Herz.

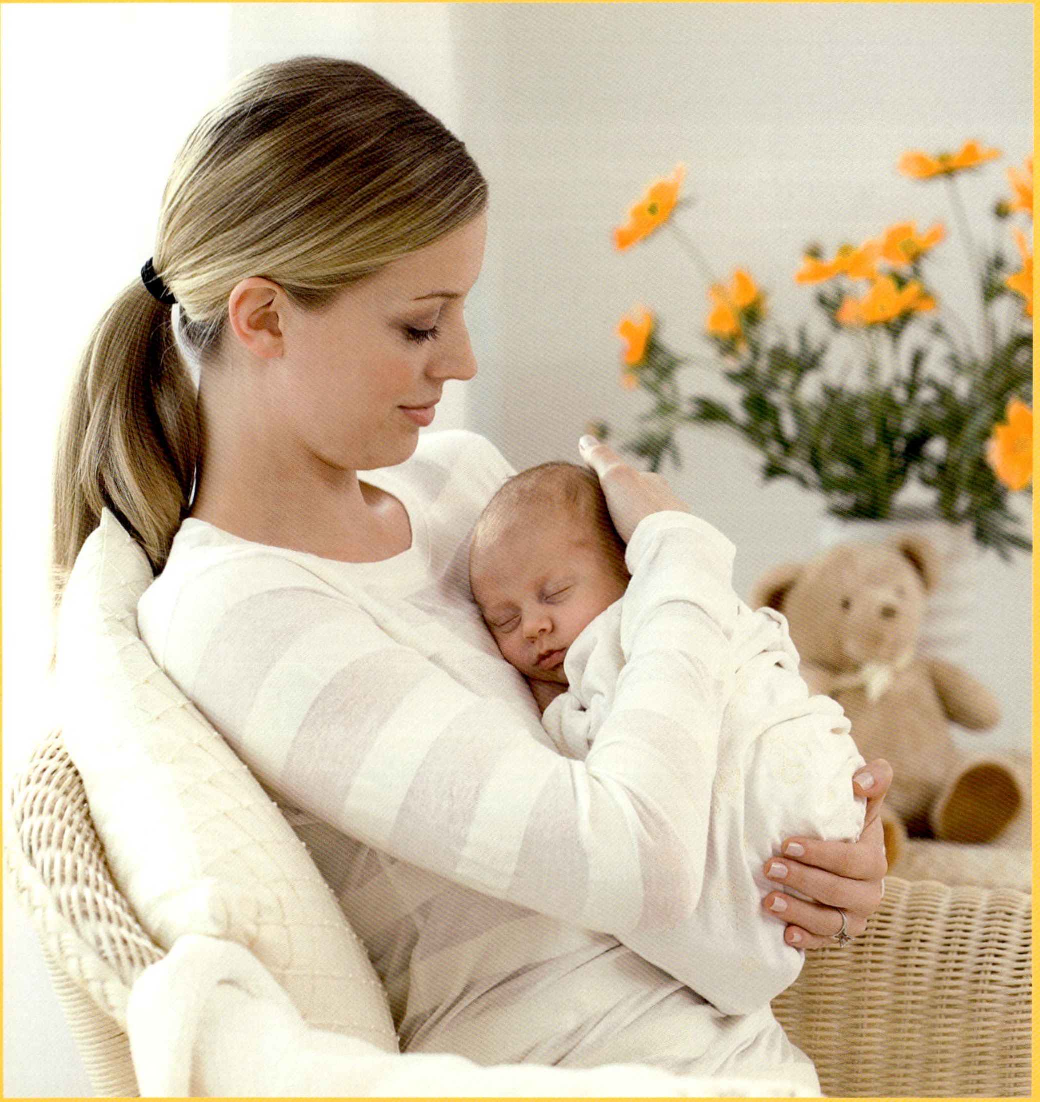

Volltreffer

»Und Gott sah an alles, was er gemacht hatte,
und siehe, es war sehr gut.« 1. Mose 1,31a

Gott hat einen Sinn darin gesehn,
uns so zu machen, wie wir sind.
Gott liebt uns. Wir sind ein Volltreffer in seinen Augen.
Dazu müssen wir nicht perfekt sein.
Dazu müssen wir auch nicht erst eine Goldmedaille gewinnen.
Gott sagt Ja zu uns.
Darum können wir Ja sagen zu uns selbst.
Wir dürfen wir selbst sein.
In dem Schaukasten einer Kirchengemeinde hängt ein Spiegel.
Darunter steht ein Spruch:
»So sieht der Mensch aus, den Gott liebt.«
Jeder, der in den Spiegel sieht, sieht natürlich sich selbst
und liest die wunderbare Zusage:
Du – du bist der Mensch, den Gott liebt.
Nicht weil ich so wertvoll bin, liebt mich Gott,
sondern weil Gott mich liebt, darum bin ich so wertvoll.
Für Gott bin ich ein Volltreffer.

Voll - Voll - Volltreffer, ja ein Volltreffer Gottes bist du! Voll - Voll - Volltreffer, du bist wertvoll, ja du! 1. Wunderbar bist du gemacht mit deinen schönen Augen. Freu dich, dass du gucken kannst, das war Gottes Idee!

2. Wunderbar bist du gemacht mit deinen schönen Ohren. Freu dich, dass du hören kannst, das war Gottes Idee!
3. ... schönen Beinen ... dass du laufen ...
4. ... beiden Händen ... dass du helfen ...
5. ... großen Nase ... dass du riechen ...

»Volltreffer«; Text und Musik: Daniel Kallauch
© cap-music, 72221 Haiterbach-Beihingen

Mein Steckbrief

Ich heiße _____

Ich wurde geboren am _____ um _____ Uhr

in _____

Ich wog _____ g und war _____ cm groß

Unser kleiner Sonnenschein

Unser Familienstammbaum

Das bin ich

Mama

Papa

Oma

Oma

Opa

Opa

Meine Familie und Freunde

Kinder sind unser größter Schatz.
Alles müssen wir einst von unserem Glück
und Reichtum zurücklassen,
aber sie hoffen wir
mit in den Himmel zu nehmen.
           Martin Luther

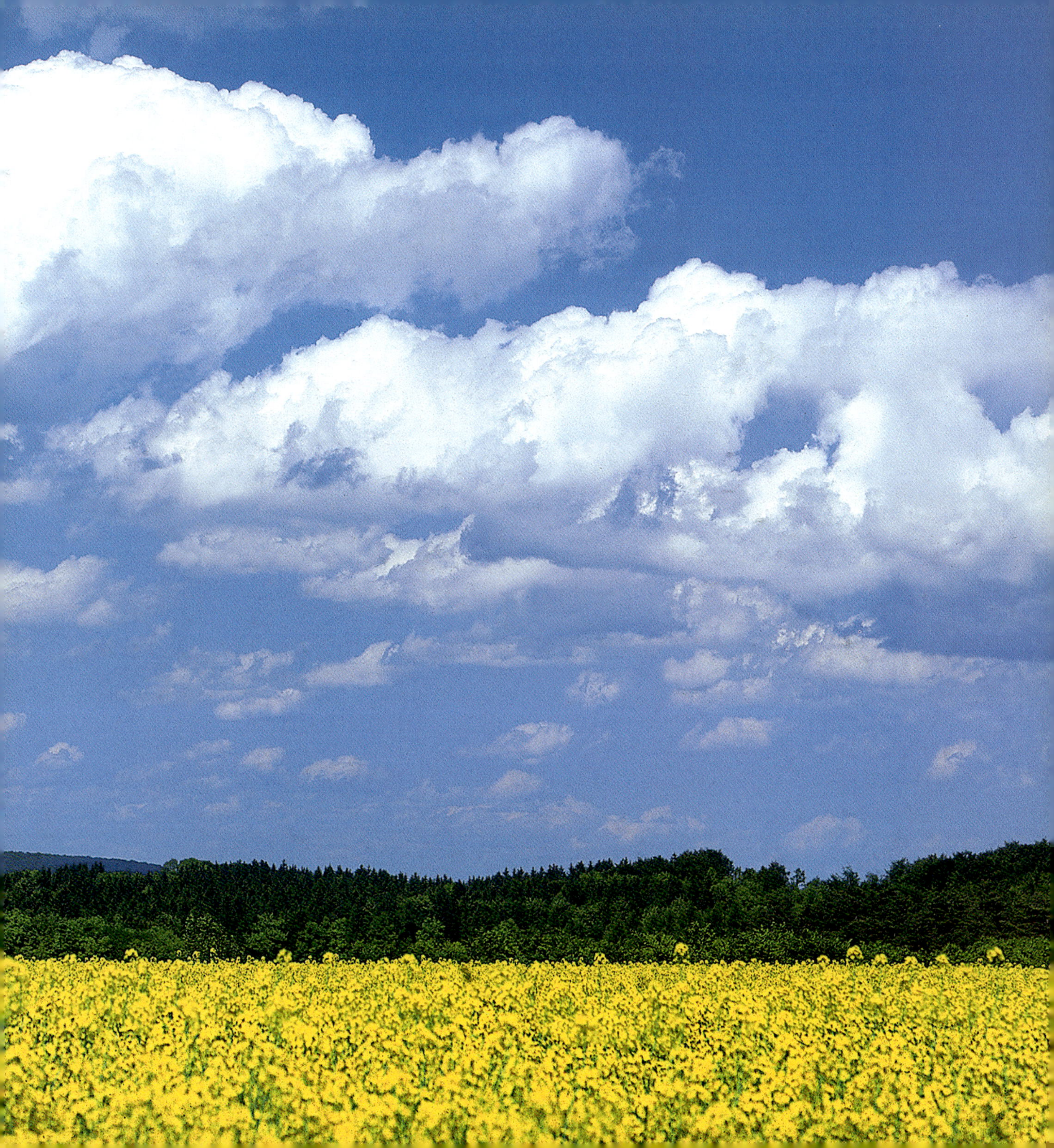

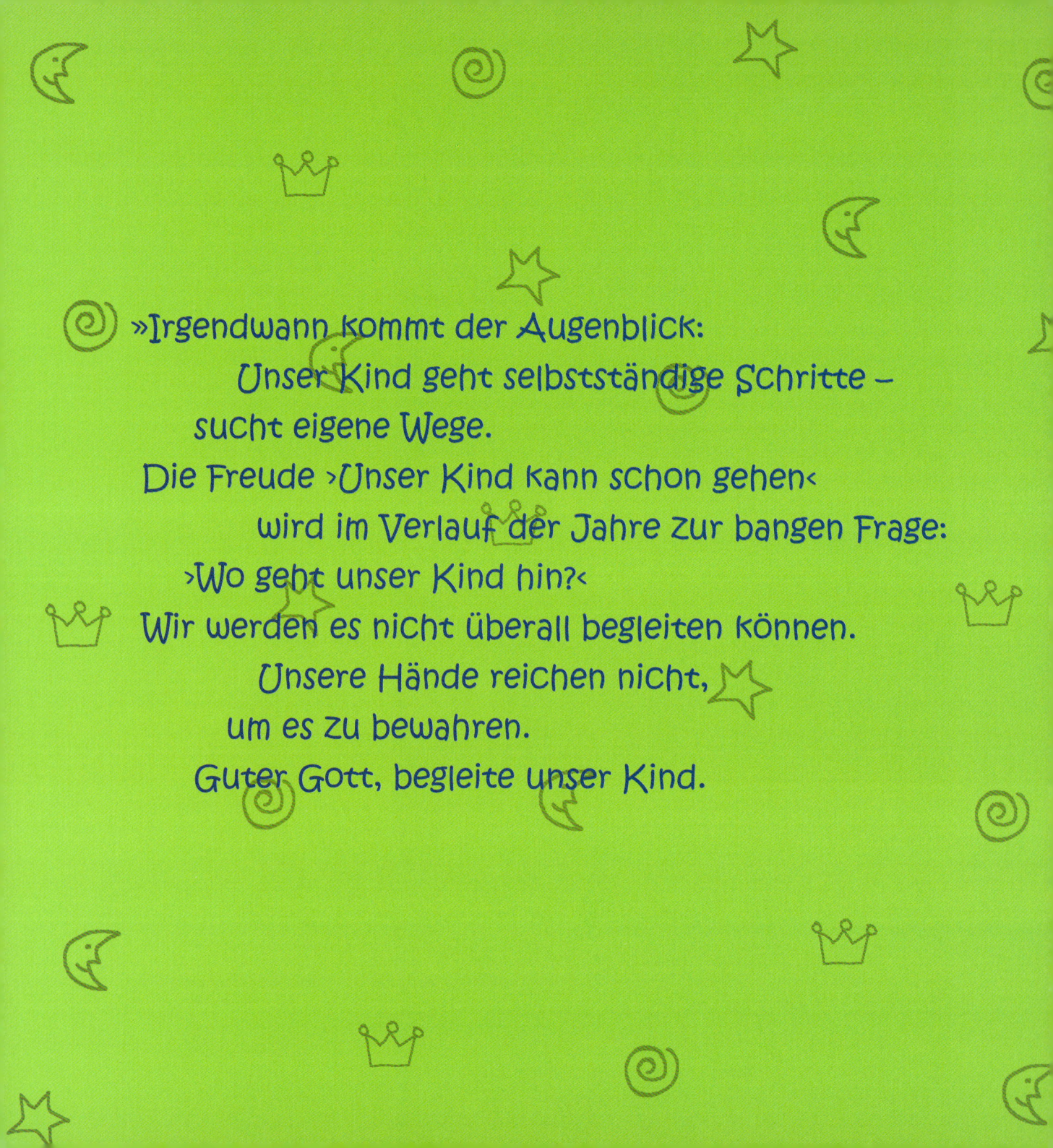

»Irgendwann kommt der Augenblick:
    Unser Kind geht selbstständige Schritte –
sucht eigene Wege.
Die Freude ›Unser Kind kann schon gehen‹
    wird im Verlauf der Jahre zur bangen Frage:
›Wo geht unser Kind hin?‹
Wir werden es nicht überall begleiten können.
    Unsere Hände reichen nicht,
um es zu bewahren.
Guter Gott, begleite unser Kind.

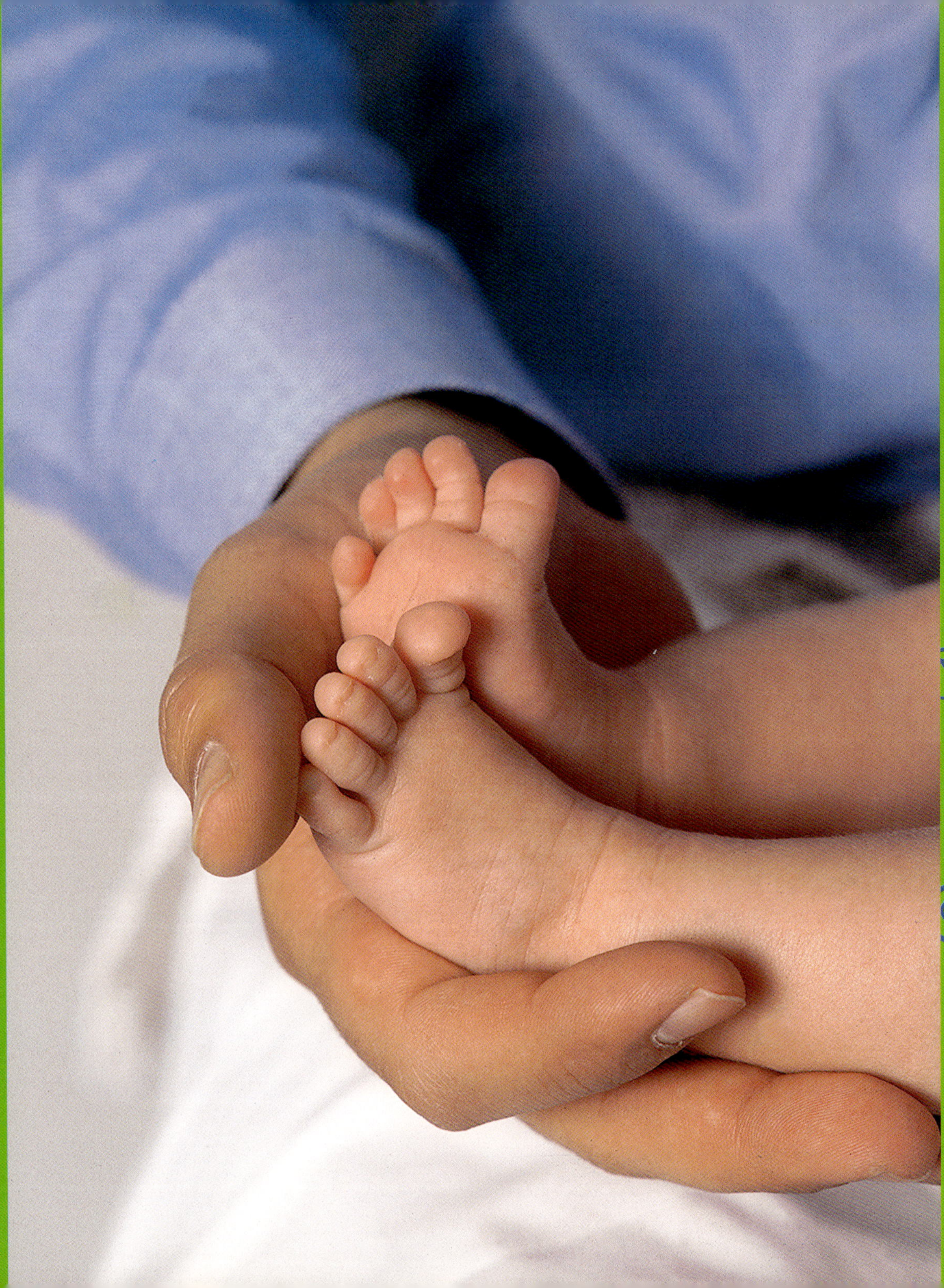

Kinder sind keine Marionetten,
an deren Fäden wir nach Belieben ziehen können.
Sie sind auch keine Knetfiguren,
die wir nach unserem Bild
zu modellieren hätten.
Jeder Mensch ist ein Gedanke Gottes,
sein Ebenbild, ein Kunstwerk des Schöpfers.
Kinder sind in unsere Obhut gegeben,
nicht aber in unseren Besitz.
Wir sind Gott gegenüber für sie verantwortlich.

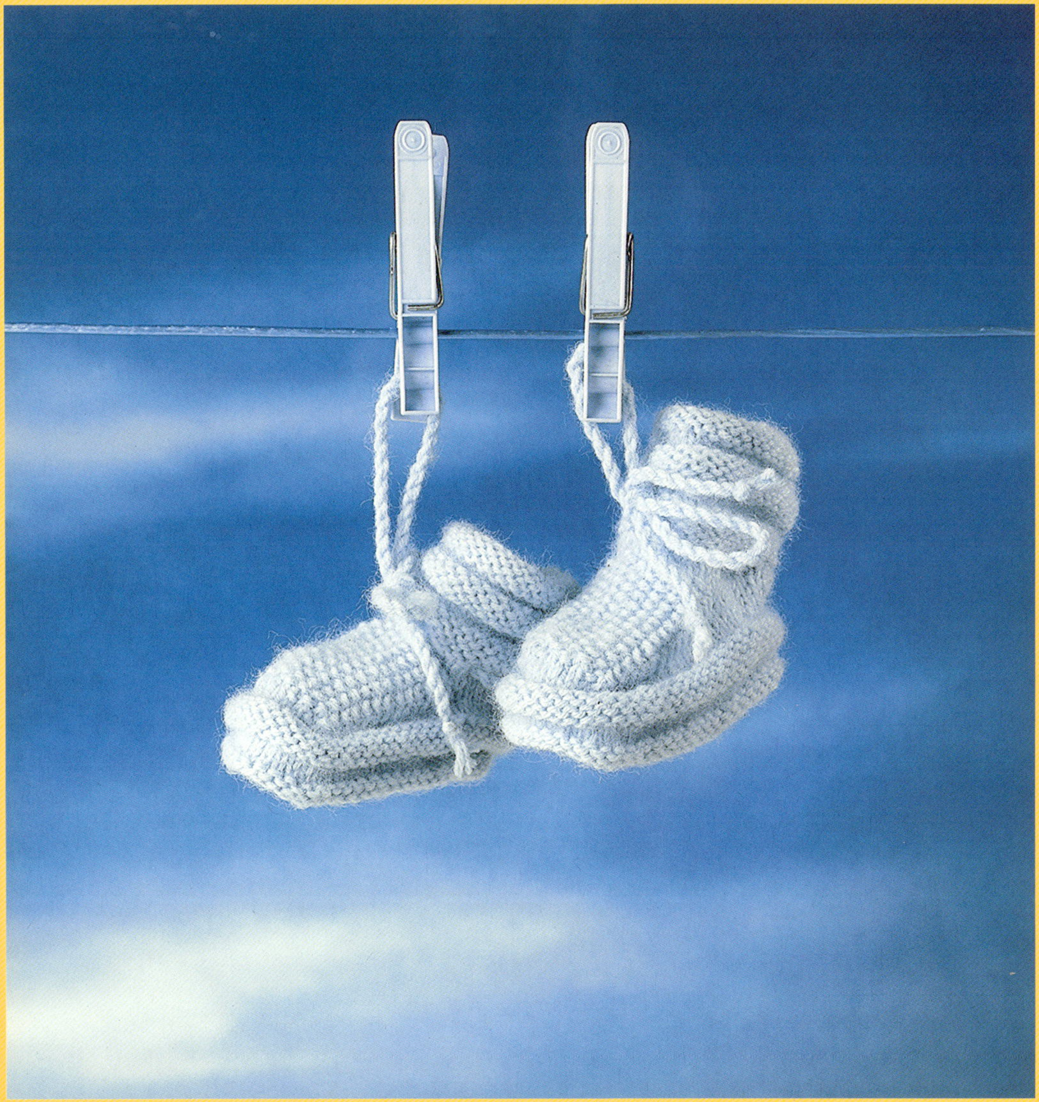

Von allen Seiten umgibst du mich,
ich bin ganz in deiner Hand.
Du hast mich geschaffen mit Leib und Geist,
mich zusammengefügt im Schoß meiner Mutter.
Dafür danke ich dir, es erfüllt mich mit Ehrfurcht.
An mir selber erkenne ich:
Alle deine Taten sind Wunder!

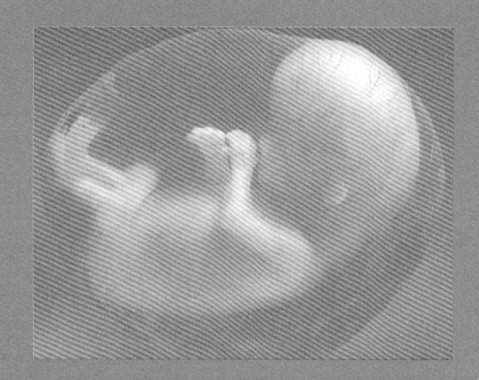

Ich war dir nicht verborgen, als ich im Dunkeln
Gestalt annahm, tief unten im Mutterschoß der Erde.
Du sahst mich schon fertig,
als ich noch ungeformt war.
Im Voraus hast du alles aufgeschrieben,
jeder meiner Tage war schon vorgezeichnet,
noch ehe der erste begann.

aus Psalm 139

Die ersten Worte des Kindes!
Welche Freude lösen sie bei den Eltern aus.
Gott freut sich über die ersten –
vielleicht gestammelten – Sätze,
mit denen wir uns an ihn wenden.
Manche Eltern lernen wieder beten – weil sie merken,
welch großer Schatz ihnen
mit ihrem Kind anvertraut ist.
Sie wünschen ihrem Sohn, ihrer Tochter das Beste.
Und sie sorgen sich um die Zukunft.
Das Wichtigste und Allerbeste,
was Sie Ihrem Kind mit auf den Weg geben können,
ist das Vertrauen zu Gott.

Mir scheint, ich sehe etwas Tieferes,
Unendlicheres, Ewigeres als den Ozean
im Ausdruck eines kleines Kindes,
wenn es am Morgen erwacht
oder kräht oder lacht,
weil es die Sonne auf seine Wiege scheinen sieht.

Vincent van Gogh

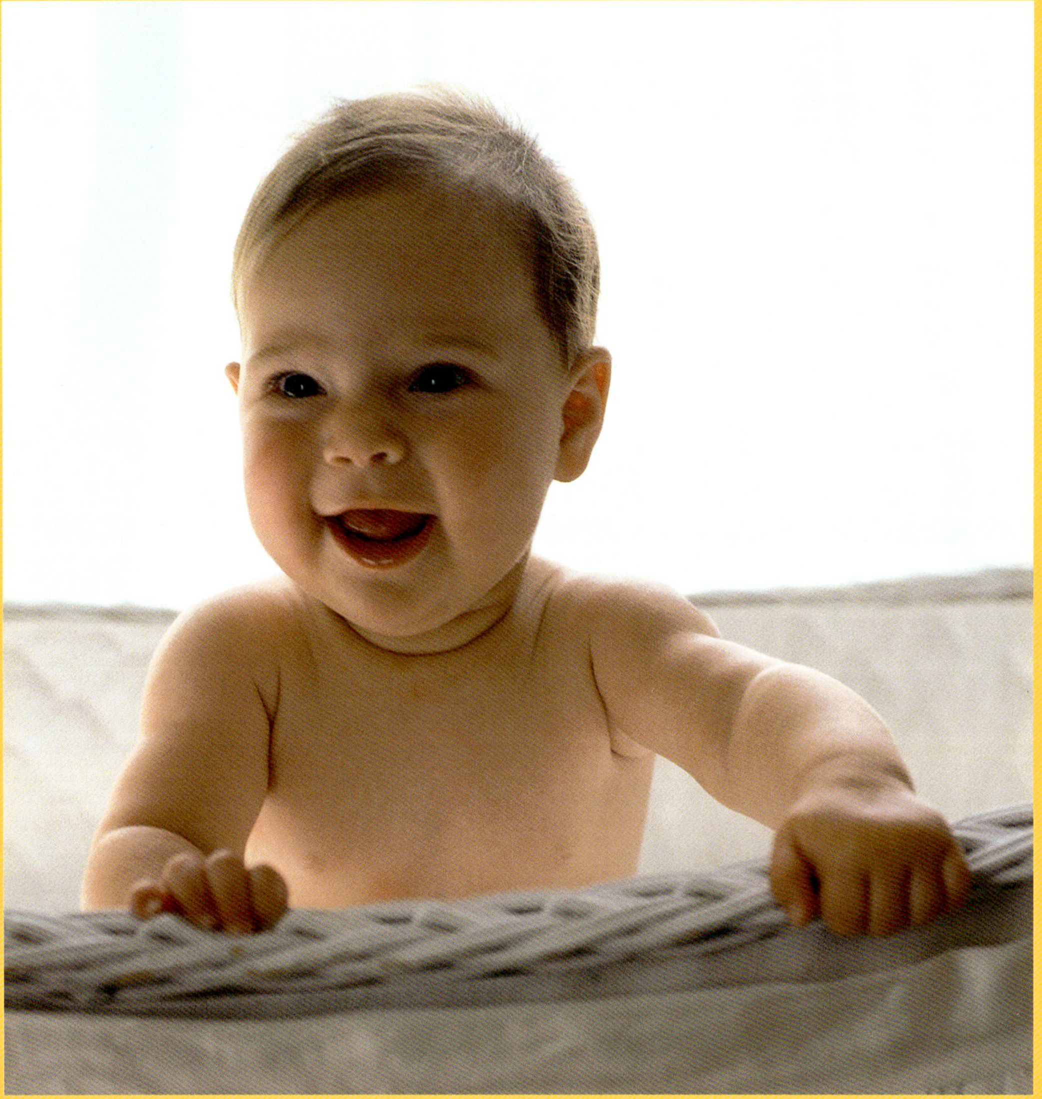

Sollt' ich meinem Gott nicht singen?
    Sollt' ich ihm nicht dankbar sein?
Denn ich seh in allen Dingen,
    wie so gut er's mit mir mein'.
Ist doch nichts als lauter Lieben,
    das sein treues Herze regt,
    das ohn' Ende hebt und trägt,
    die zu seinem Dienst sich üben.
Alles Ding währt seine Zeit,
    Gottes Lieb' in Ewigkeit.

Wie ein Adler sein Gefieder
    über seine Jungen streckt,
also hat auch hin und wieder
    mich des Höchsten Arm bedeckt.
Alsobald im Mutterleibe,
    da er mir mein Wesen gab
    und das Leben, das ich hab
    und noch diese Stunde treibe.
Alles Ding währt seine Zeit,
    Gottes Lieb' in Ewigkeit.

Paul Gerhardt

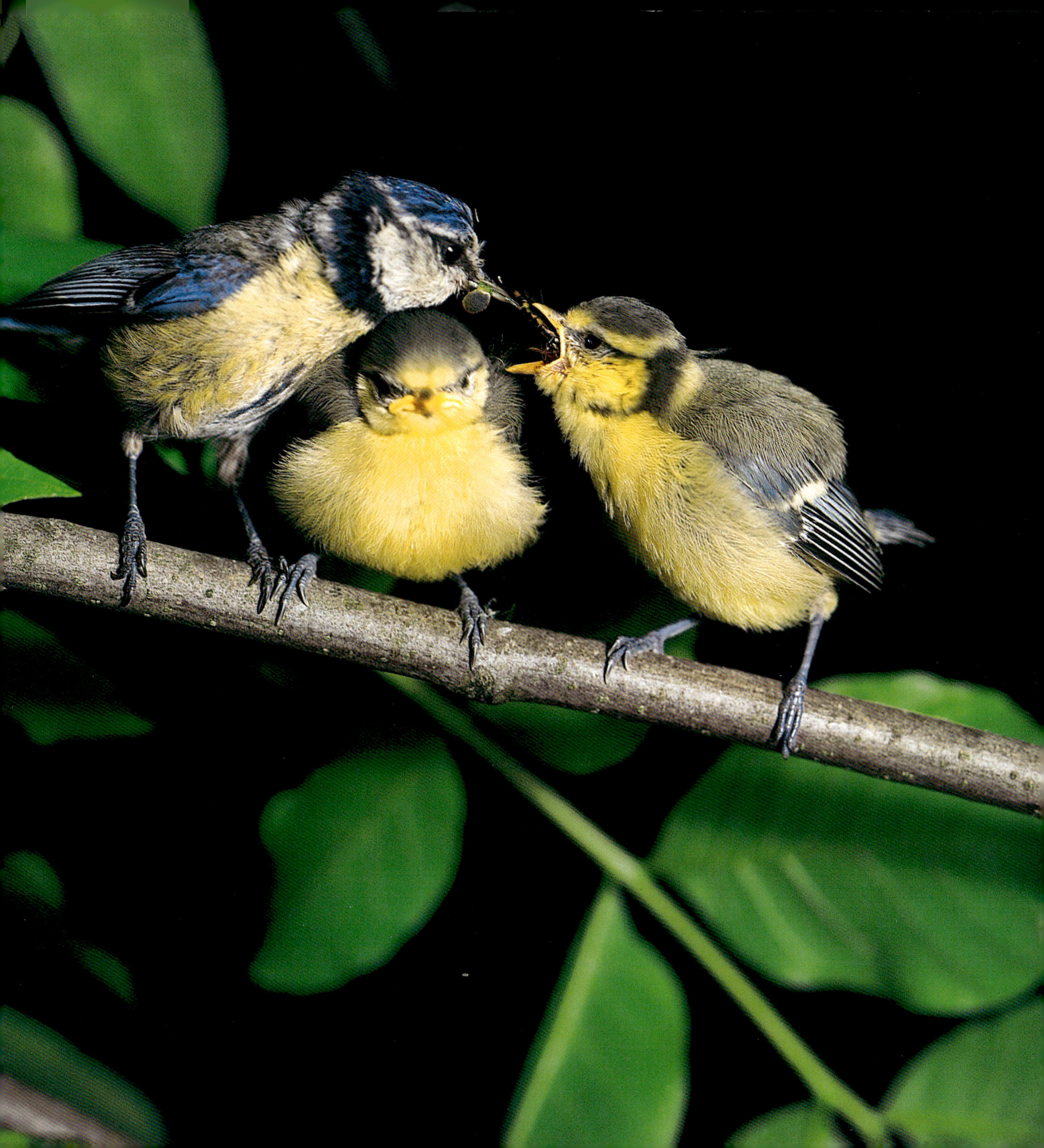

Jesus nahm die Kinder in seine Arme.
Er legte ihnen die Hände auf
und segnete sie.
Markus 10,16

Worte können Mut machen. Sätze wie:
»Das kannst du!«
»Das schaffst du!«
»Hab keine Angst.«
»Ich trau dir das zu«,
können bewirken, dass wir
über uns selbst hinauswachsen.
»Gott gibt dich nicht auf.«
»Gott fragt nicht nach Leistung.«
»Er liebt dich voraussetzungslos.«
Diese Zusagen geben Mut zum Leben.

Gott liebt Kinder. Jedes Kind hat eine
unverwechselbare Würde vor ihm.
Diese ermutigenden Mitteilungen dürfen
wir keinem Kind schuldig bleiben.

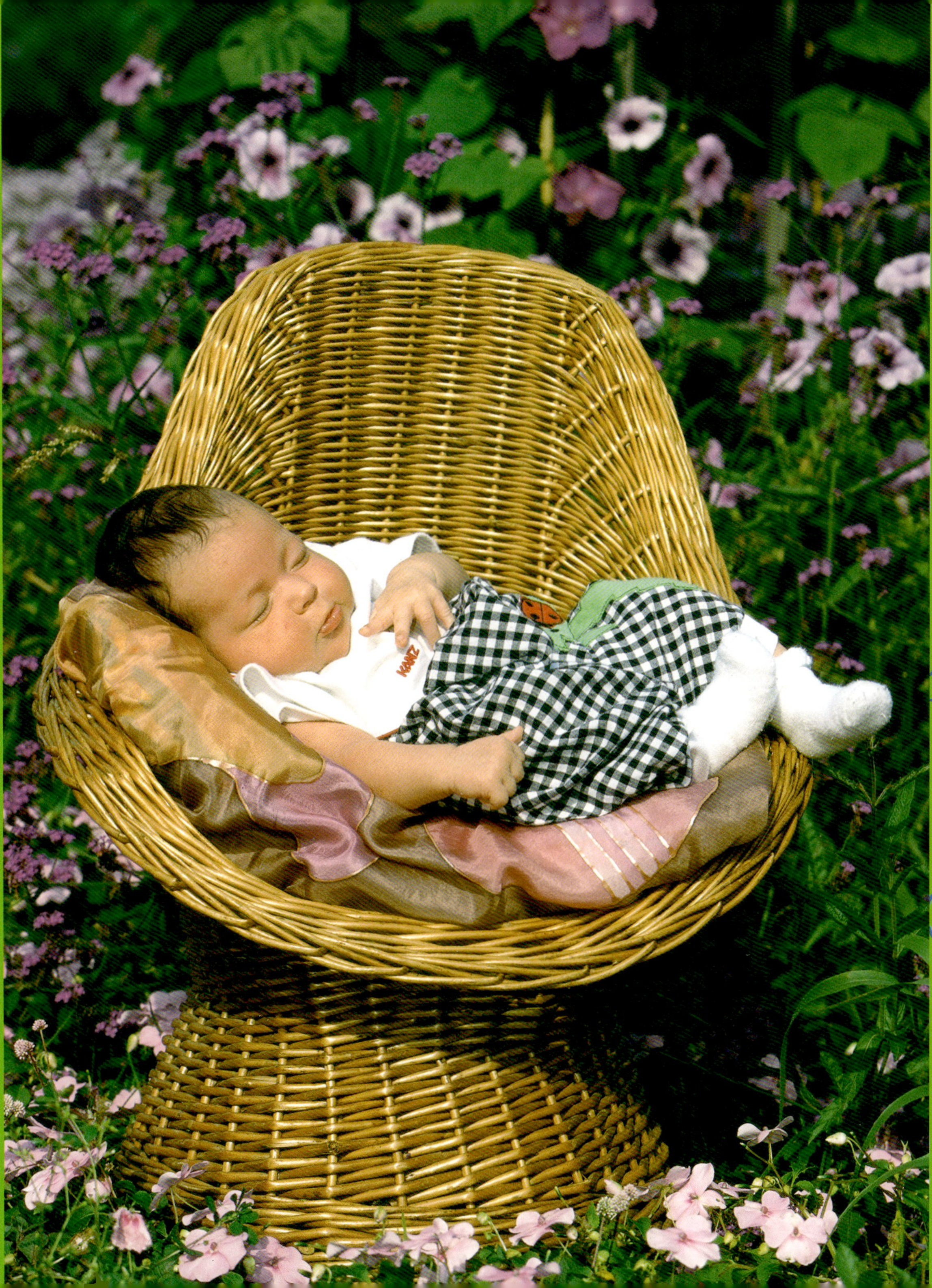

Siehe, Kinder sind eine Gabe des Herrn,
und Leibesfrucht ist ein Geschenk.

Psalm 127,3

Kinder brauchen uns.
Sie brauchen unsere Fürsorge, Zuwendung,
Liebe, Ermutigung, Zeit und unser Verständnis.
Kinder brauchen ein Zuhause,
das für sie wie ein Platz an der Sonne ist.
Freude, Friede, Freiheit, Zuversicht, Vertrauen
und Geborgenheit erst ermöglichen es ihnen,
einfach Kind sein zu können.

Jedes Kind ist ein großes Wunder –
wir brauchen keine Wunderkinder aus ihnen zu machen.

Gott liebt uns. Keiner ist ihm zu klein.
Jesus wollte auch die Kleinsten in seiner Nähe haben.

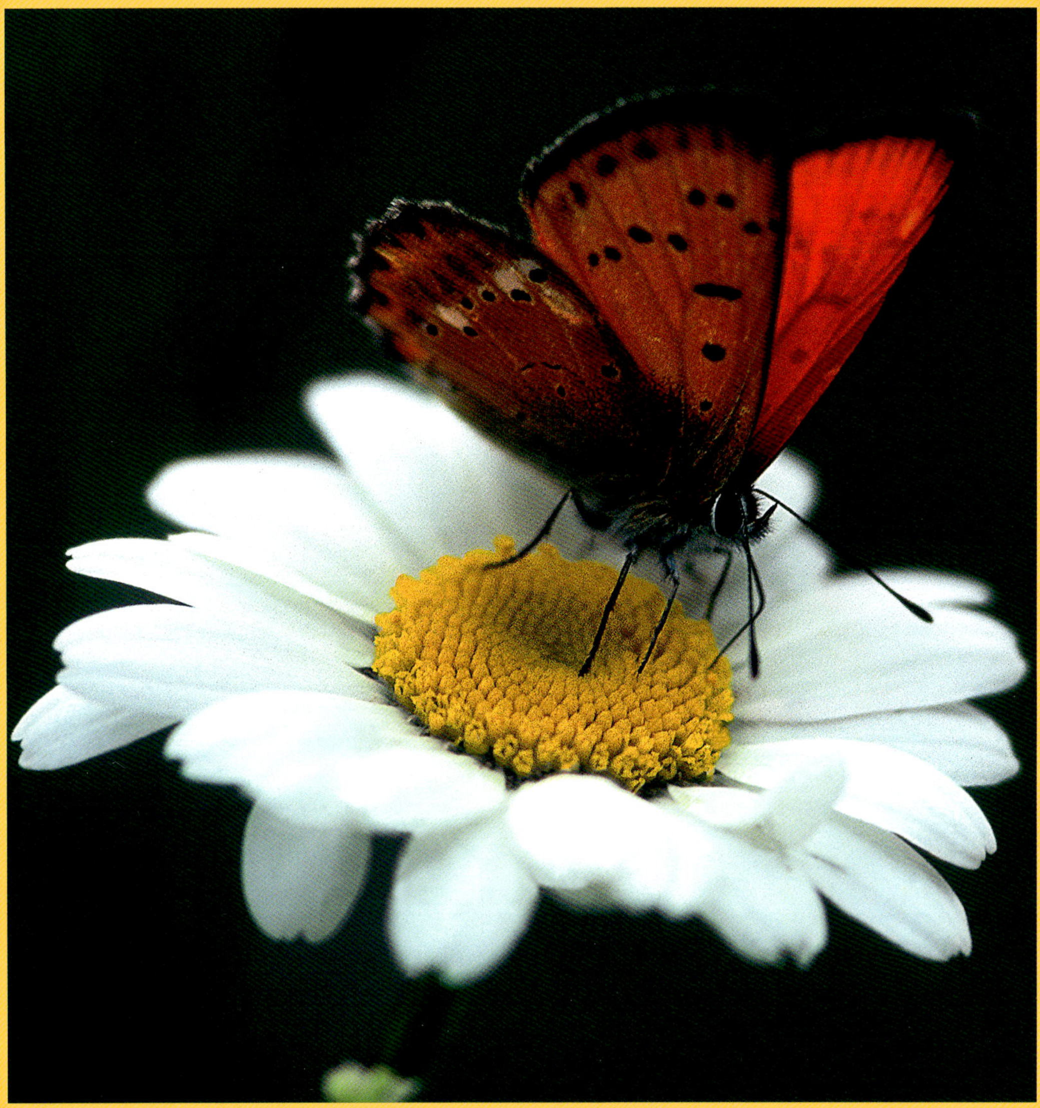

Herzlichste Segenswünsche

Schon bald wird das Kind eigene Schritte wagen.
Wir werden es begleiten.
Möge sein Lebensweg bergauf gehen.
Gott schenke ihm seinen Segen und sein Geleit.
Ein kleiner Mensch.
Es ist ihm zu wünschen,
dass ihm irgendwann auch der wichtig wird,
der von sich gesagt hat:

Niemand hat größere Liebe als die,
dass er sein Leben lässt für seine Freunde.
                                    Johannes 15,13

Herr Jesus, segne dieses Kind!
gib, dass es früh dich such und find,
mit Leib und Seel, mit Herz und Sinn
sein Leben ganz dir gebe hin.
                                    Stuttgart 1837

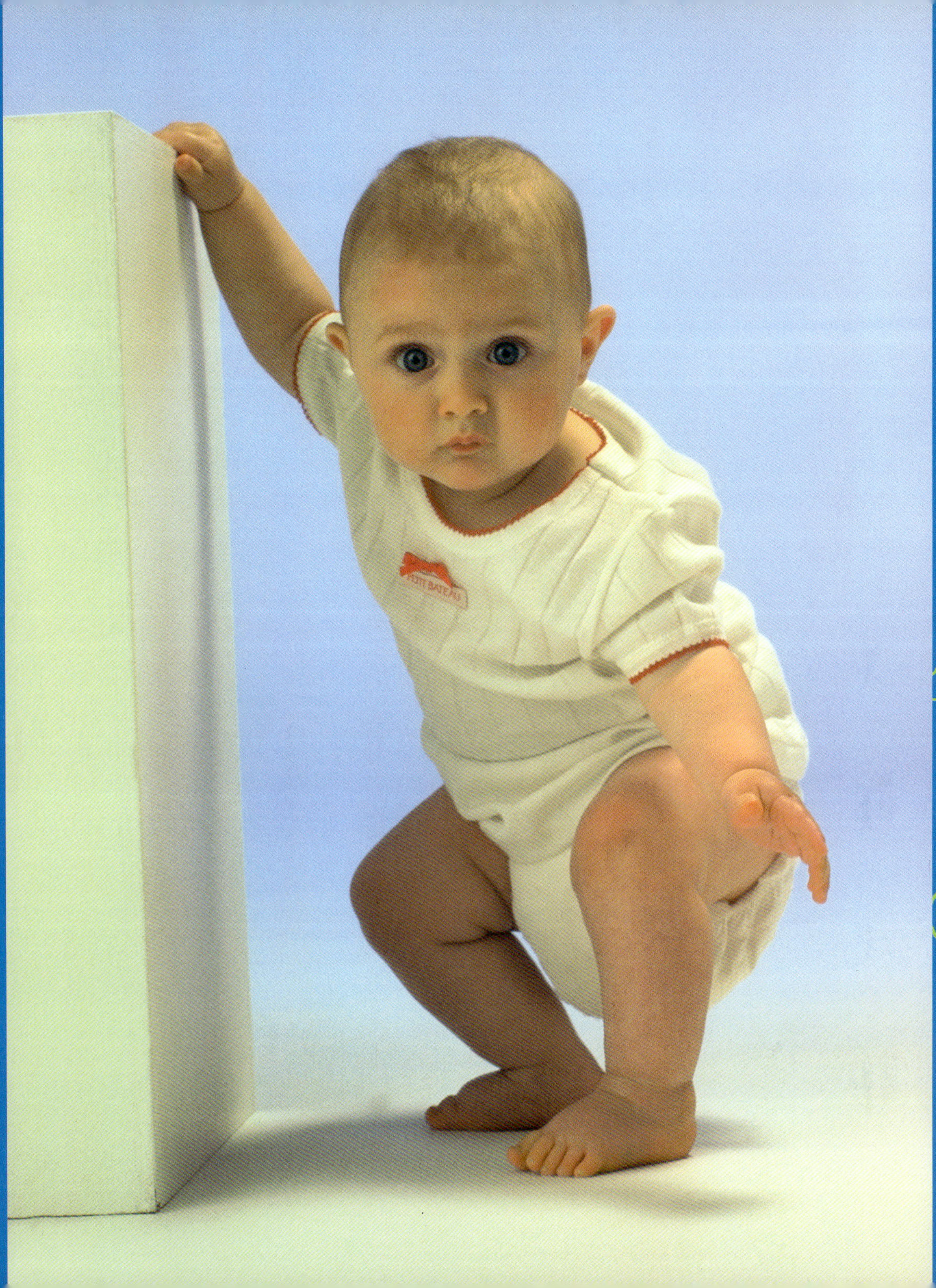
PETIT BATEAU

Gott, der Herr, behüte mich
wie ein Hirte seine Herde.
Er kennt den Weg und das Ziel.
Er übernimmt für mich die Verantwortung.
Er führt mich.
Er sorgt für mich.
Er gibt mir neue Kraft.

Er tröstet mich.
Und wenn dunkle Wegstrecken kommen?
Tiefe Täler?
Dann weicht Gott nicht von meiner Seite.
Der Glaube ist eine nie versiegende Quelle
der Zuversicht.

Der Herr ist mein Hirte,
mir wird nichts mangeln.
Psalm 23,1

Ein Kind lieben heißt:
es in seiner Art und Unart,
in seinen Freuden und Schmerzen
ganz ernst nehmen.
Friedrich von Bodelschwingh

Kinder werden ermutigt – so lernen sie Zuversicht
Kinder werden gelobt – so lernen sie Selbstvertrauen
Kinder erleben Nachsicht – so lernen sie Geduld
Kinder werden geachtet – so lernen sie Menschenwürde
Kinder werden anerkannt – so lernen sie, sich einzusetzen
Kinder werden nicht belogen – so werden sie
wahrhaftige Menschen
Kinder werden geliebt – so lernen sie lieben

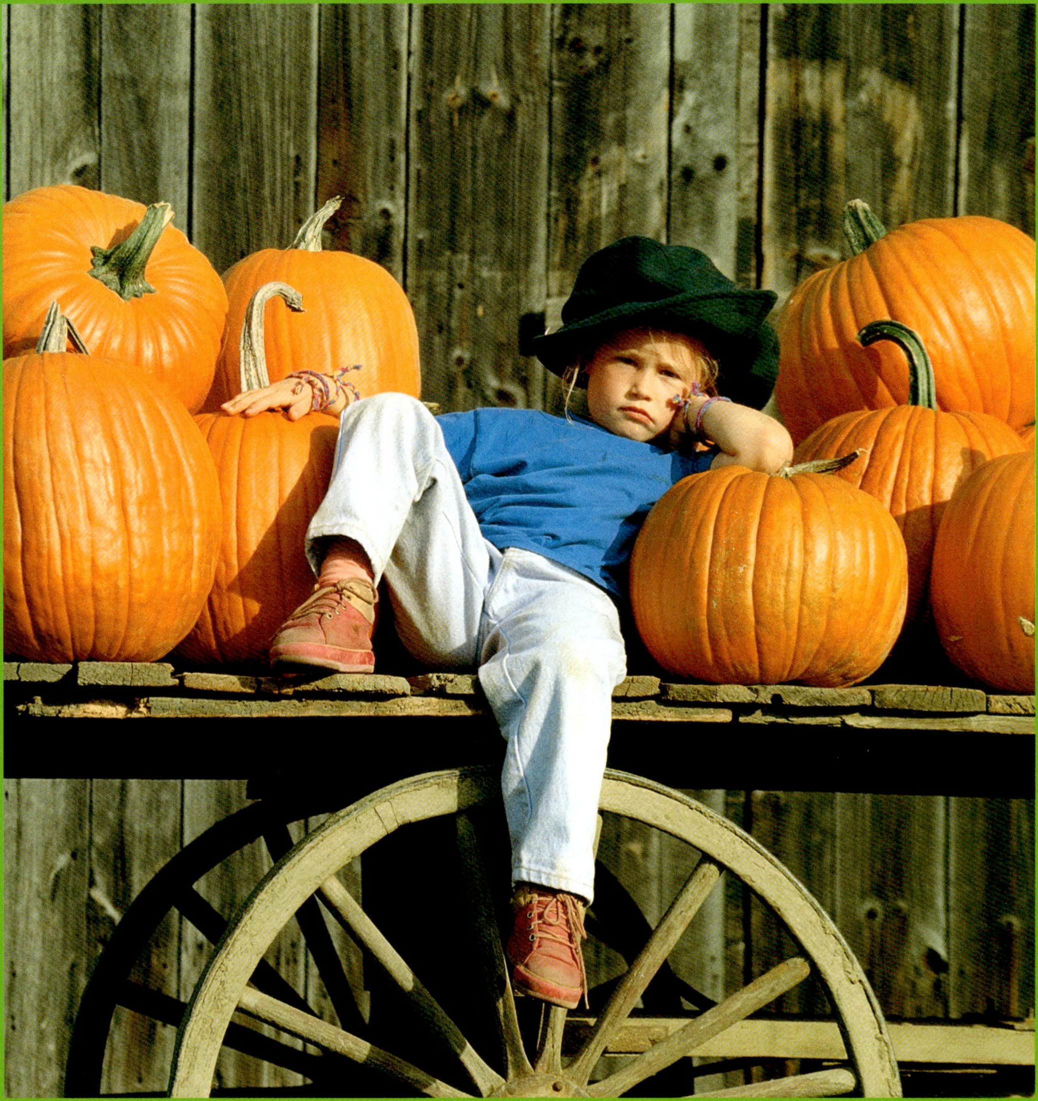

Du bist geschaffen,
du bist da.
Du bekommst heute
das zu deinem Dasein Nötige.
Du wurdest erschaffen,
du wurdest Mensch.
Du kannst sehen,
bedenke:
Du kannst sehen,
du kannst hören,
du kannst riechen,
schmecken, fühlen.

Sören Kierkegaard

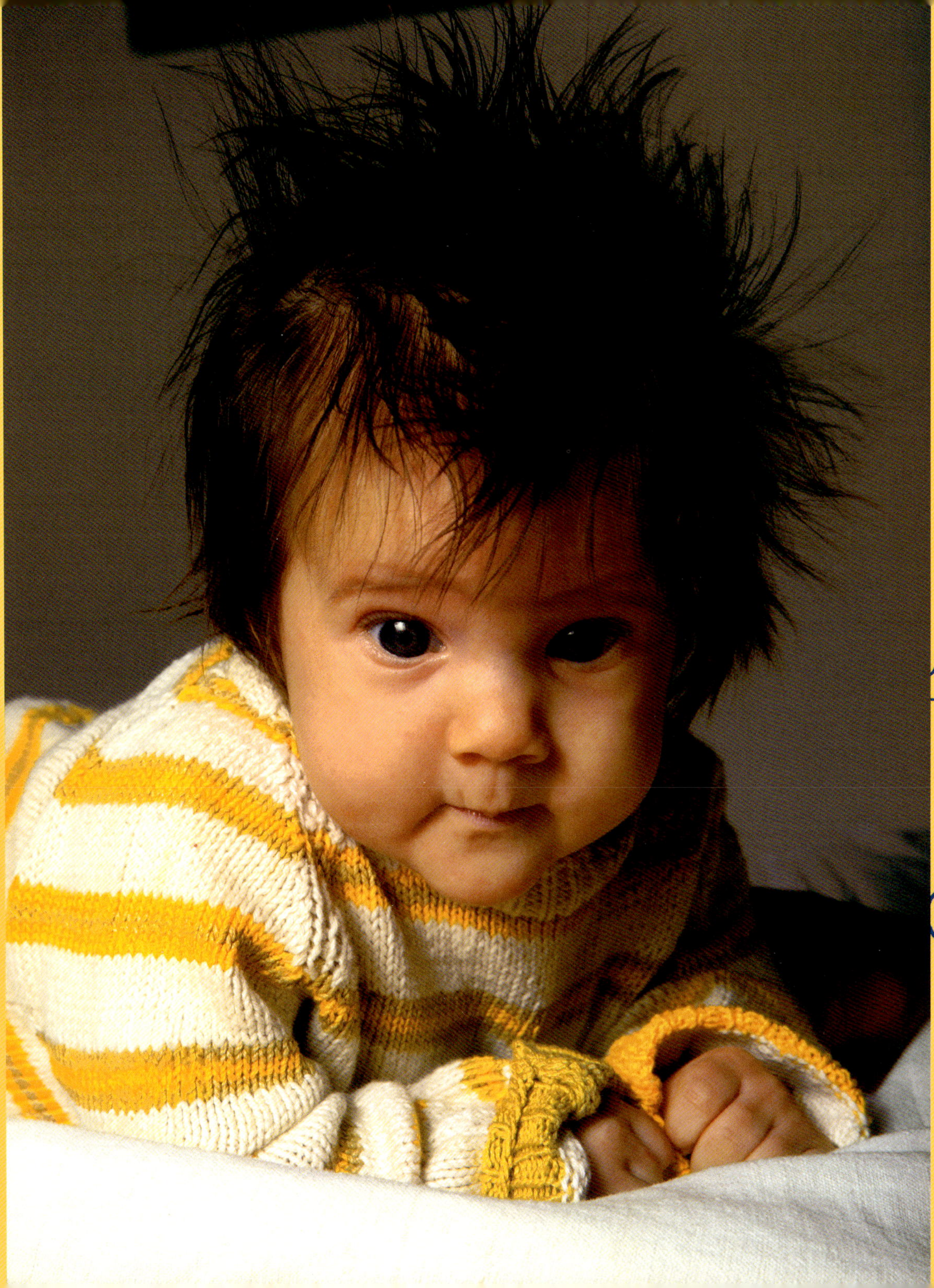

Ein Kind ist sichtbar gewordene Liebe.
   Novalis

Unser liebes Kind,

es ist schon einige Zeit her, da lernten wir,
deine Eltern, uns kennen.
Wir fühlten uns immer mehr zueinander hingezogen.
Es war besonders schön, als wir uns schließlich sagten,
dass wir uns lieben. Da warst du noch nicht auf der Welt.
Gott hatte dich sicher schon in seinen Gedanken,
als wir noch gar nichts von dir wussten.
Schließlich erfuhren wir, dass du da warst – noch ganz
klein im Bauch von Mama. Ein Kind der Liebe.
Wir freuten uns und waren auch besorgt.
Wir wünschten uns so sehr, dass du gesund
auf die Welt kommst. Wir beteten darum.
Wir waren so gespannt auf dich.
Jetzt bist du geboren. Wir sind so dankbar,
dass der liebe Gott dich uns geschenkt hat.
Er muss uns sehr lieb haben. Und wir haben dich lieb.

Deine Eltern

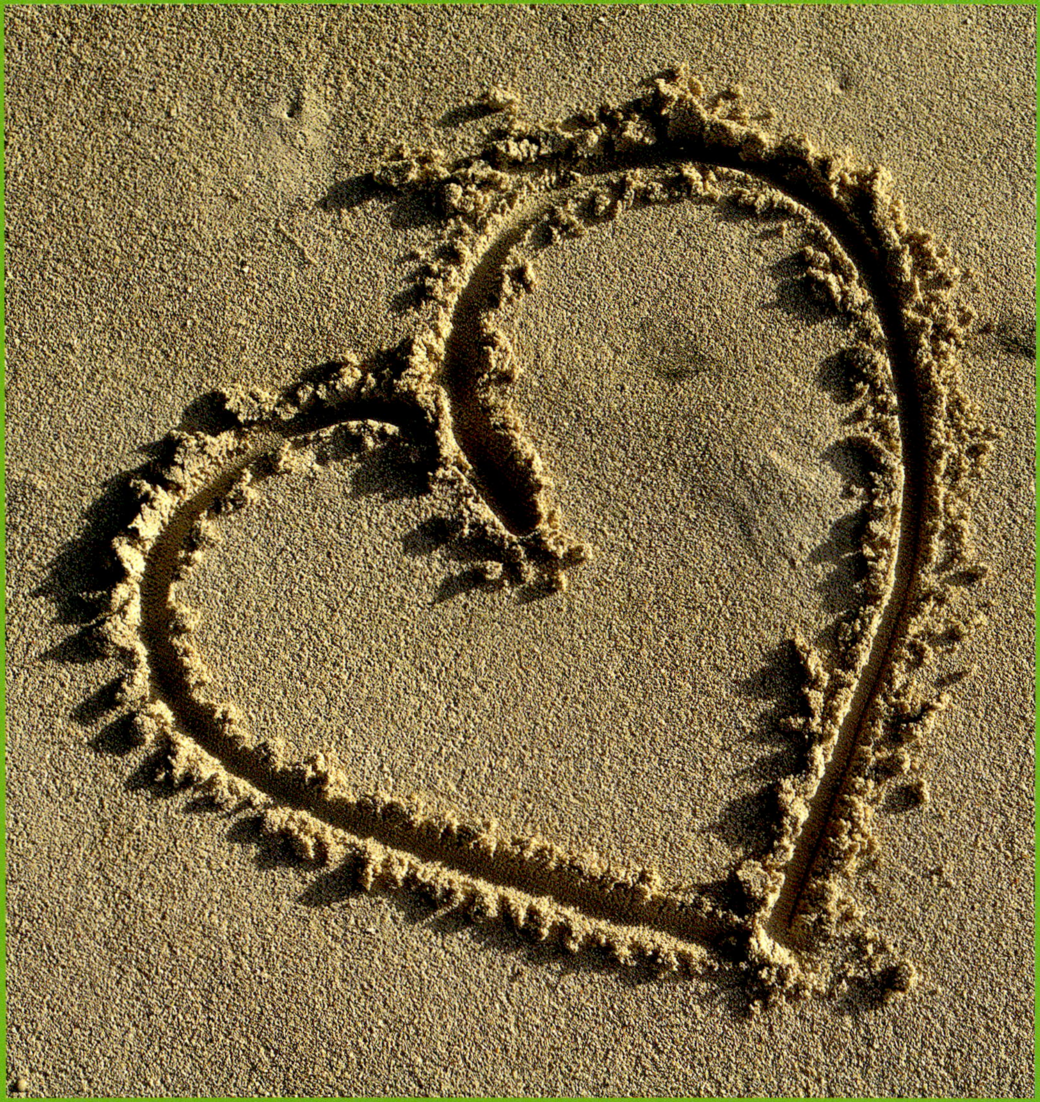

Morgengebete

Meinen Anfang und mein Ende
geb ich, Herr, in deine Hände.
Vater, steh mir gnädig bei,
dass der Tag gesegnet sei.

Überliefert

Von Gott behütet steh ich auf,
er leitet mich in meinem Lauf,
er bleibt bei mir auf allen Wegen
mit seiner Kraft und seinem Segen.

Überliefert

Wie fröhlich bin ich aufgewacht,
wie hab ich geschlafen, so sanft die Nacht.
Hab Dank, im Himmel, Gott, Vater mein,
dass du hast wollen bei mir sein.
Behüte mich auch diesen Tag,
dass mir kein Leid geschehen mag.

Führe mich, oh Herr, und leite
meinen Gang nach deinem Wort;
sei und bleibe du auch heute
mein Beschützer und mein Hort.
Nirgends als bei dir allein
kann ich recht bewahret sein.

Heinrich Albert

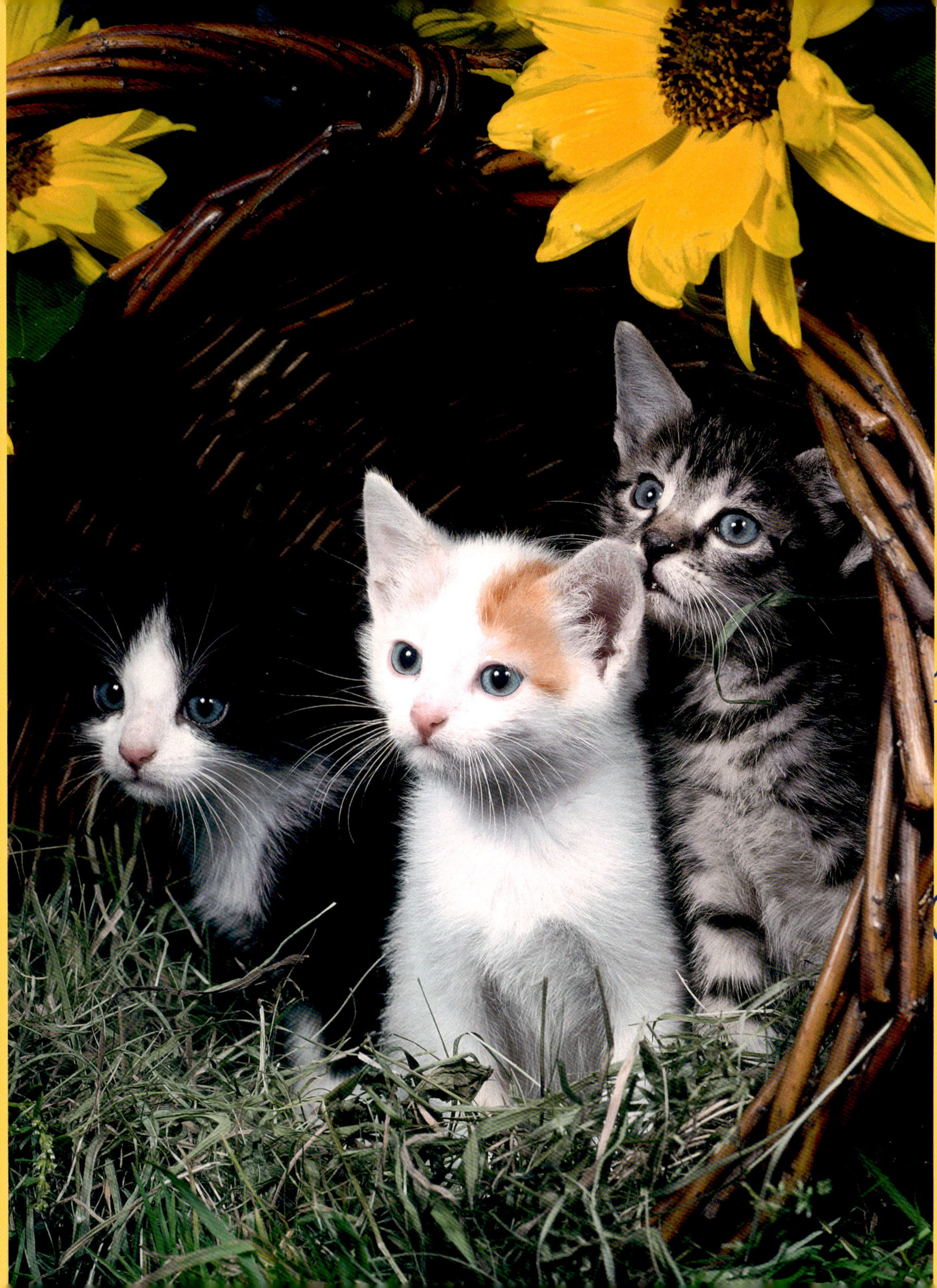

Tischgebete

Dank dir, Herr, mit frohen Gaben
füllest du das ganze Land.
Alles, was wir sind und haben,
kommt aus deiner Vaterhand.

Überliefert

Alles lebt von deinen Gaben,
Vater, was wir sind und haben,
alles, alles kommt von dir.

Du hast uns noch nie vergessen,
gibst auch heute uns zu essen,
habe Dank, oh Herr.

Jedes Tierlein hat sein Essen,
jedes Blümlein trinkt von dir,
hast auch unser nicht vergessen,
lieber Gott, wir danken dir.

Nach Georg Christian Dieffenbach

Komm, Herr Jesus, sei du unser Gast
und segne alles, was du uns bescheret hast.

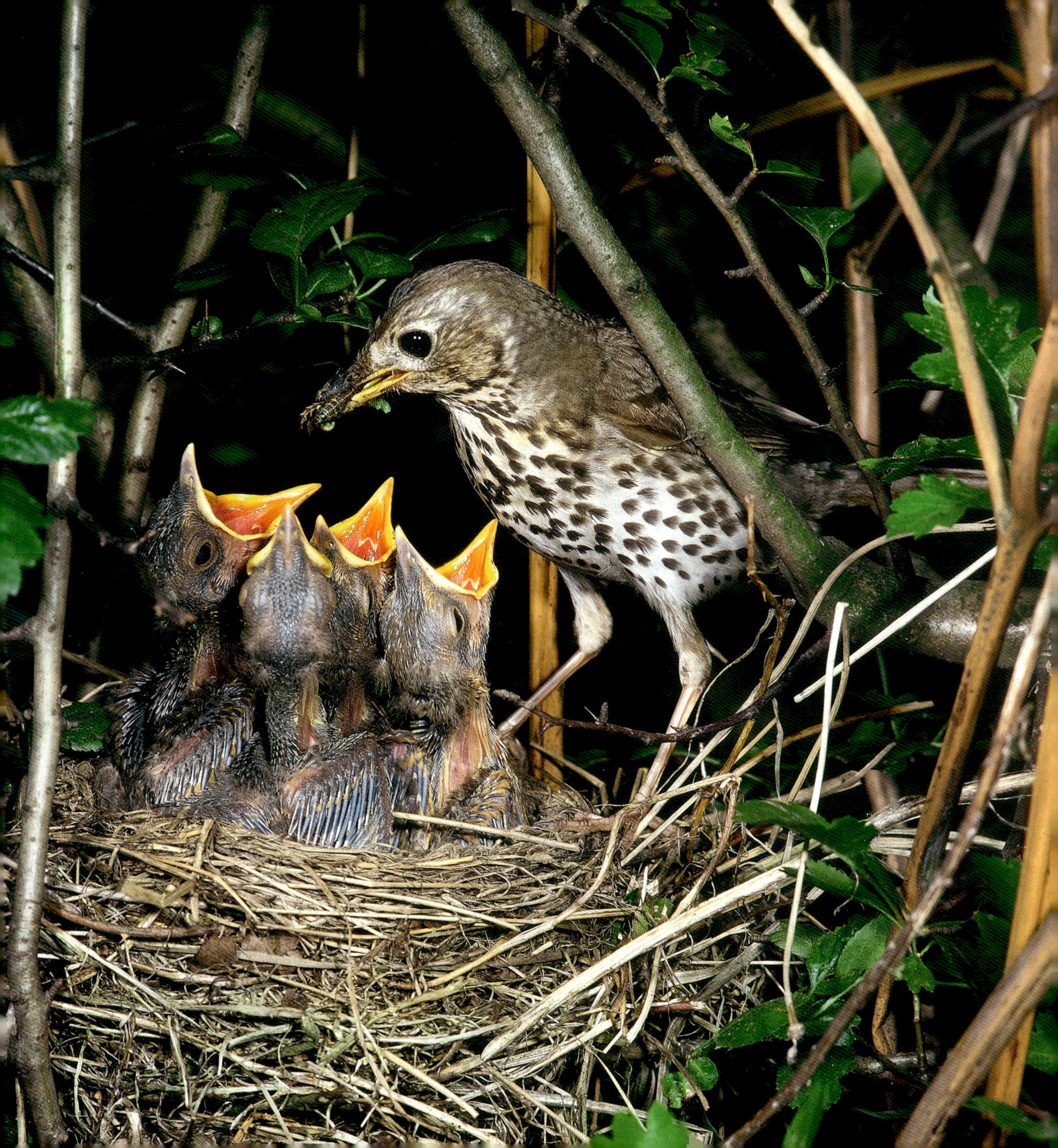

Abendgebete

Lieber Gott, kannst alles geben,
gib auch, was ich bitte nun,
schütze diese Nacht mein Leben,
lass mich sanft und sicher ruhn.

Sieh auch von dem Himmel nieder
auf die lieben Eltern mein,
lass uns morgen alle wieder
fröhlich und dir dankbar sein.

Überliefert

Herr, du hast heute mich bewacht,
beschütz mich auch in dieser Nacht.
Du sorgst für alle, Groß und Klein,
drum schlaf ich ohne Sorgen ein.

Überliefert

Ich bitt dich, Herr, durch deine Macht,
behüt mich auch in dieser Nacht,
dass ich in Frieden schlafen mag;
stärk mich zu einem neuen Tag.

Ich bin klein,
mein Herz mach rein,
soll niemand drin wohnen
als Jesus allein.

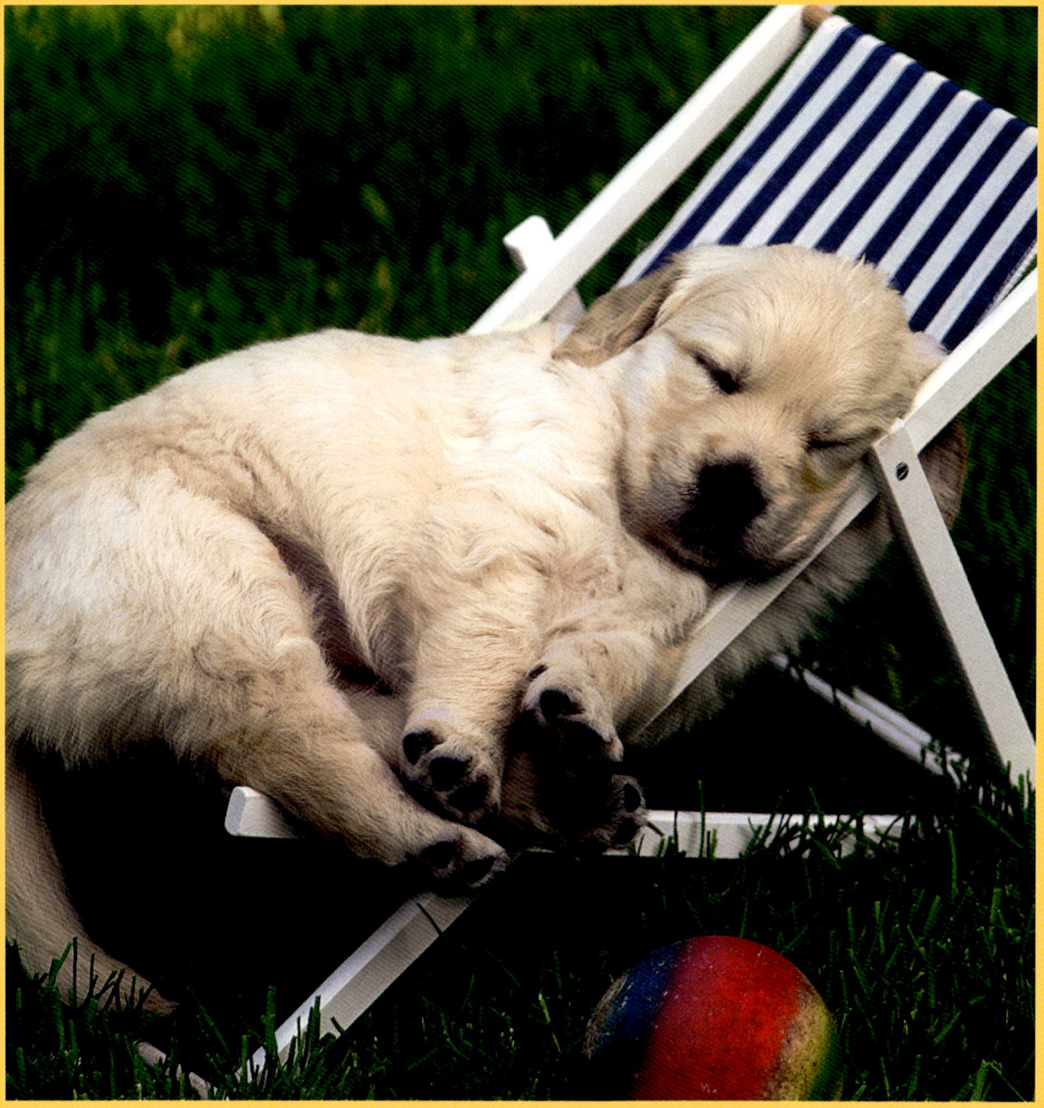

Meine ersten Kinderlieder

Alle meine Entchen

Al - le mei - ne Ent - chen schwim-men auf dem See, schwim-men auf dem See, Köpf-chen un - ters Was - ser, Schwänz-chen in die Höh.

Worte und Weise: volkstümlich

Fuchs, du hast die Gans gestohlen

Fuchs, du hast die Gans ge-stoh-len, gib sie wie-der her, gib sie wie-der her, sonst wird dich der Jä-ger ho-len mit dem Schieß-ge-wehr, sonst wird dich der Jä-ger ho-len mit dem Schieß-ge-wehr.

Worte: Ernst Anschütz (1780–1861)
Weise: volkstümlich

Summ, summ, summ

1. Summ, summ, summ, Bienchen summ herum, Ei, wir tun dir nichts zu Leide, flieg nur aus in Wald und Heide. Summ, summ, summ, Bienchen summ herum!

Worte: August Heinrich Hoffmann von Fallersleben
Weise: volkstümlich aus Böhmen

2. Summ, summ, summ,
Bienchen, summ herum.
Kehre heim mit reicher Habe,
bau uns manche volle Wabe.
summ, summ, summ,
Bienchen, summ herum!

Häschen in der Grube

Häs-chen in der Grube saß und schlief, saß und schlief. »Armes Häschen bist du krank, dass du nicht mehr hüp-fen kannst? Häschen, hüpf! Häschen, hüpf! Häschen, hüpf!«

Worte und Weise: volkstümlich

Der Mond ist aufgegangen

Worte: Matthias Claudius 1778
Weise: Joh. A. P. Schulz 1790

1. Der Mond ist aufgegangen, die goldnen Sternlein prangen am Himmel hell und klar, der Wald steht schwarz und schweiget und aus den Wiesen steiget der weiße Nebel wunderbar.

2. Wie ist die Welt so stille
und in der Dämmrung Hülle
so traulich und so hold
als eine stille Kammer,
wo ihr des Tages Jammer
verschlafen und vergessen sollt.

3. Seht ihr den Mond dort stehen?
Er ist nur halb zu sehen
und ist doch rund und schön.
So sind wohl manche Sachen,
die wir getrost belachen,
weil unsre Augen sie nicht sehn.

Weißt du, wie viel Sternlein stehen

Weißt du, wie viel Sternlein stehen an dem blauen Himmelszelt?
Weißt du, wie viel Wolken gehen weithin über alle Welt?
Gott der Herr hat sie gezählet, dass ihm auch nicht eines fehlet an der ganzen großen Zahl, an der ganzen großen Zahl.

2. Weißt du wie viel Mücklein spielen in der heißen Sonnenglut, wie viel Fischlein auch sich kühlen in der hellen Wasserflut? Gott der Herr rief sie mit Namen, dass sie all ins Leben kamen, dass sie nun so fröhlich sind, dass sie nun so fröhlich sind.

3. Weißt du, wie viel Kinder frühe stehn aus ihrem Bette auf, dass sie ohne Sorg und Mühe fröhlich sind im Tageslauf? Gott im Himmel hat an allen seine Lust, sein Wohlgefallen; kennt auch dich und hat dich lieb, kennt auch dich und hat dich lieb.

T: Wilhelm Hey 1836; M: Volksweise um 1809

Weil ich Jesu Schäflein bin

Weil ich Jesu Schäflein bin, freu ich mich nur immerhin über meinen guten Hirten, der mich wohl weiß zu bewirten, der mich liebet, der mich kennt und bei meinem Namen nennt.

2. Unter seinem sanften Stab geh ich aus und ein und habe unaussprechlich süße Weide, dass ich keinen Hunger leide, und so oft ich durstig bin, führt er mich zum Brunnquell hin.

3. Sollt ich nun nicht fröhlich sein, ich beglücktes Schäfelein? Denn nach diesen schönen Tagen werd ich endlich heimgetragen in des Hirten Arm und Schoß. Amen, ja mein Glück ist groß!

T: Luise von Hayn 1772; M: Herrnhut 1740

Wer hat die schönsten Schäfchen

Wer hat die schöns-ten Schäf-chen? Die hat der gold'-ne Mond, der hin-ter un-sern Bäu-men am Him-mel dro-ben wohnt.

T: Heinrich Hoffmann von Fallersleben; M: Johann Friedrich Reichardt

Müde bin ich, geh zur Ruh

Mü-de bin ich, geh zur Ruh, schlie-ße meine Augen zu. Vater, lass die Augen dein über meinem Bette sein.

2. Hab ich Unrecht heut getan, sieh es, lieber Gott, nicht an.
Deine Gnad und Jesu Blut / machen allen Schaden gut.

3. Alle, die mir sind verwandt, Gott, lass ruhn in deiner Hand;
alle Menschen, groß und klein, sollen dir befohlen sein.

4. Müden Herzen sende Ruh, nasse Augen schließe zu.
Lass den Mond am Himmel stehn / und die stille Welt besehn.

T: Luise Hensel 1817; M: Kaiserswerth 1842

Für Fotos und Eintragungen

Für Fotos und Eintragungen

Für Fotos und Einträge

Bildnachweis:

Umschlag: Comstock Images/Jupiterimages

S. 3: Five-Seasons/A. Hoenderkamp; S. 5: Tetra Images/Jupiterimages; S. 6/7: Thinkstock Images/Jupiterimages; S. 10/11, 12/13: A. Albinger; S. 15, 35: G. Burbeck; S. 17: C. M. M. Timmermans; S. 18: BRANDX/Jupiterimages; S. 21: CORBIS UK LTD/Jupiterimages; S. 22/23: H. Müller-Brunke; S. 25: Brinkmann/E. Geduldig; S. 27: Neffe/Bildagentur Wagner; S. 29: Diaf/Jupiterimages; S. 30/31, 45: Bildagentur E. Geduldig; S. 33: B. Schellhammer; S. 37: W. Layer/E. Geduldig; S. 39: H. Reinhard/E. Geduldig; S. 40/41: R. Siegel/Bildagentur Wagner; S. 43: Köpfle/Jupiterimages; S. 44, 53: Photos.com/Jupiterimages; S. 46, 48/49: Liquid Library/Jupiterimages; S. 47: Köpfle/Jupiterimages; S. 50: Comstock Images/Jupiterimages; S. 51: L. Reupert; S. 52: G. Eppinger

Bibliografische Information der Deutschen Nationalbibliothek

Die Deutsche Nationalbibliothek verzeichnet diese Publikation in der Deutschen Nationalbibliografie; detaillierte bibliografische Daten sind im Internet über http://dnb.d-nb.de abrufbar.

ISBN 978-3-501-01618-3

Bestell-Nr. 57103

© 2009 by Verlag der St.-Johannis-Druckerei, Lahr/Schwarzwald
Gestaltung: Michaela Sanchez-Garcia
Gesamtherstellung: St.-Johannis-Druckerei, Lahr/Schwarzwald
Printed in Germany 17134/2009

www.johannis-verlag.de